Brigitte Eßer

DAS WESENTLICHE IST UNSICHTBAR

Deutsche Sendungen von Radio Vatikan

Brigitte Eßer

DAS WESENTLICHE IST UNSICHTBAR

Gedanken zum Verhältnis Eltern-Kinder

Johannes-Verlag Leutesdorf

Erste Auflage 1986

Mit kirchlicher Druckerlaubnis
Der vorliegende Text wurde im März 1986
von Radio Vatikan ausgestrahlt

Gesamtherstellung: Druckerei des Johannesbundes e.V.
D-5458 Leutesdorf am Rhein

ISBN 3-7794-0982-8

Zu beziehen durch die *KSM*
Katholische Schriften-Mission, D-5458 Leutesdorf

Einführung

Was vermissen unsere Kinder in der Familie?
Der frühe Auszug aus dem Elternhaus, die zahlreichen Frühehen oder eheähnliche Bindungen Jugendlicher, die Erfolge der Jugendsekten, extremer Gruppen und Kommunen verpflichten uns, ernsthaft darüber nachzudenken. Vielleicht sind auch die Kirchenaustritte an diese Frage geknüpft.
Wie können wir, Eltern und Erzieher, ihnen den Halt und die Geborgenheit bieten und vermitteln, daß sie sich nicht gezwungen sehen, eine neue Lebensform zu suchen oder gar zu kapitulieren?
Wir können erfahren, daß es unseren Kindern gar nicht um einen neuen Lebensstil geht, sondern um eine intakte, lebendige, liebende Familiengemeinschaft.
Bewußt bin ich bei meinen Überlegungen nicht eigens auf das Problem der religiösen Erziehung in der Familie eingegangen. Einmal setze ich sie als selbstverständlich voraus, zum anderen bin ich der Meinung, daß all unsere entsprechenden Bemühungen sinnlos sind, wenn wir nicht zuerst unser Augenmerk auf die Familie selbst richten.
Geborgenheit in der Familie ermöglicht erst einen wachsenden Glauben an den bergenden und liebenden Gott. Die Familie muß für unsere Kinder als das erfahrbar werden können, was sie eigentlich sein soll, nämlich der Ort, an dem der junge Mensch geliebt und geborgen heranreifen kann zu einem selbständigen Menschen, der glaubend, vertrauend und hoffend die Zukunft zu gestalten weiß.

Kinder einer neuen Zeit

Antoine de Saint-Exupéry erzählt in seinem Buch „Der Kleine Prinz“[1], wie dieser eines Morgens voller Bewunderung auf seinem Planeten entdeckte, daß sich aus seinem lange sorgfältig gehegten Sproß eine wunderschöne Rose entfaltete.
Der kleine Prinz rief aus:
„ ‚Wie schön sie sind.‘
‚Nicht wahr?‘ antwortete sanft die Blume. ‚Und ich bin zugleich mit der Sonne geboren ...‘
Der kleine Prinz erriet wohl, daß sie nicht allzu bescheiden war, aber sie war so rührend!
‚Ich glaube, es ist Zeit zum Frühstücken‘, hatte sie bald hinzugefügt, ‚hätten Sie die Güte, an mich zu denken?
Und völlig verwirrt hatte der kleine Prinz eine Gießkanne mit frischem Wasser geholt und die Blume bedient.
So hatte sie ihn sehr bald schon mit ihrer etwas scheuen Eitelkeit gequält. Eines Tages zum Beispiel, als sie von ihren vier Dornen sprach, hatte sie zum kleinen Prinzen gesagt:
‚Sie sollen nur kommen, die Tiger mit ihren Krallen!‘
‚Es gibt keine Tiger auf meinem Planeten‘, hatte der kleine Prinz eingewendet, ‚und die Tiger fressen auch kein Gras.‘
‚Ich bin kein Gras‘, hatte die Blume sanft geantwortet.
‚Verzeihen Sie mir ...‘

‚Ich fürchte mich nicht vor den Tigern, aber mir graut vor der Zugluft. Hätten Sie keinen Wandschirm?'

Grauen vor Zugluft? ... Das sind schlechte Aussichten für eine Pflanze, hatte der kleine Prinz festgestellt. Diese Blume ist recht schwierig ...

So hatte der kleine Prinz trotz des guten Willens seiner Liebe rasch an ihr zu zweifeln begonnen, ihre belanglosen Worte bitter ernst genommen und war sehr unglücklich geworden."[2] — So unglücklich, daß er seinen Planeten verließ.[3]

Ich habe diese Erzählung gewählt, weil sie Aussagen macht zu Fragen, die uns heute bewegen, weil sie ein wenig deutlich macht, worum es uns geht. Fühlen wir uns davon nicht berührt, besonders dann, wenn wir mit Kindern und Jugendlichen zu tun haben? Können wir nicht auch in den Medien lesen, sehen und hören, daß das traurige Ende der Wirklichkeit entspricht oder die Realität noch weit erschreckender ist?

Die Bremer Wissenschaftlerin Sabine Lubrich kommt — laut Zeitungsbericht — nach einer Langzeitstudie zum Thema „Schülerselbstmord im deutschsprachigen Raum" zu dem erschütternden Ergebnis, daß jeder fünfte Jugendliche mindestens einmal versucht hat, sich das Leben zu nehmen. Daß die jungen Menschen Probleme mit sich, den Lehrern, den Freunden und den Eltern haben, und daß sie sich nicht angenommen fühlen und seelisch vollkommen aus dem Gleichgewicht geraten.

Der kleine Prinz sagt später:
„ ‚Ich habe das damals nicht verstehen können! Ich hätte sie nach ihrem Tun und nicht nach ihren Worten beurteilen sollen .... Ich hätte niemals fliehen sollen! Ich hätte hinter all den armseligen Schlichen ihre Zärtlichkeit erraten sollen ...' "[4]
Wie geht es uns dabei?
Wir sprechen fast selbstverständlich von Generationskonflikten. Wir erfahren, daß sich die Jugendlichen — aber auch die Erwachsenen — alleingelassen fühlen. Wer wundert sich noch, daß Jugendliche frühzeitig aus der elterlichen Wohnung ausziehen? Sie geben vor, selbständig zu sein, und suchen sich doch die notwendige Geborgenheit bei Freunden in der eigenen Altersgruppe. Andere benutzen das Elternhaus nur noch als Nachtquartier oder bauen sich in ihren Zimmern ihre eigene Welt.
Zwischen den Generationen scheinen Mauern zu wachsen. Wie kommt es dazu? Ist die Jugend heute so anders? Sind es die Erwachsenen? Hat die Kultur, Geschichte und Religion, hat die gesellschaftliche Entwicklung allgemein dazu beigetragen?
Vieles hat sich gewandelt. Eines aber bleibt immer gleich: Das Leben ist kostbar, und die Zukunft liegt in der Hand der Jugend. Doch auch ein anderes ist gültig: Die Erwachsenen sind es, die der Jugend die Möglichkeit schenken, ihren Weg zu gehen. Sie vermitteln Vertrauen, Hoffnung und den Glauben daran, daß es sich lohnt, seine Kraft, sein Leben dem Morgen zu verpflichten.
Ist das noch sichtbare Wirklichkeit, oder haben wir

versagt? Ist das Verhältnis Eltern — Kinder heute ein Miteinander, ist es ein Nebeneinander oder gar ein Gegeneinander?
Wir wollen darüber keine Statistik anfertigen, wir wollen keine negativen Zahlen erhärten. Wir wollen einmal hinhören oder hinüberhorchen auf die andere Seite der Mauer, hören, welche Wünsche junge Menschen vor allem an die Eltern haben. Eine Umfrage unter mehr als hundert Jugendlichen im Alter von zwölf bis zwanzig Jahren bildet die Grundlage dieser Ausführungen.
Wir wissen alle, daß die Zeit sich gewandelt hat. Die Probleme heute sind so anders, daß es kaum Vorbilder der Bewältigung gibt.
Da ist zunächst der Materialismus, der uns bedrängt. Kinder werden immer weniger als überraschendes Geschenk empfangen, eher eingeplant, fast wie das Haus oder das Auto, das man sich irgendwann einmal leisten kann. Der relative Wohlstand, die Fülle an Gütern, die dem Kind schon im Spielzeug entgegenwächst, ist bedrängend. Selbst wir Erwachsene haben den rechten Umgang noch nicht gelernt, das heißt den Abstand zu den Dingen, so daß sie nicht notwendig zu unserem Sein gehören.
Ein anderes Problem, mit dem vor allem unsere Kinder zurechtkommen müssen, sind wenige oder fehlende Geschwister. Einzelkinder werden ständig beachtet, bewertet, beurteilt, erleben sich als kleine Erwachsene. Allenfalls im Kindergarten vermögen sie ihr soziales Verhalten mit Gleichaltrigen einzu-

üben. Und wer denkt daran, daß ihre Kinder keine Tanten und Onkel, keine Vettern und Kusinen haben werden, daß Familiensinn damit eigentlich ausgerottet wird?
Machen uns diese Fragen und Probleme nicht selbst ratlos, wie wir mit den Anforderungen der Zeit und der Umwelt fertig werden sollen?
Es ist zu verstehen, wenn viele Eltern sagen: „Wir haben unsere Kinder gehegt und gepflegt — wie der Prinz seine Rose. Wir wollten, daß es ihnen besser geht als uns. Wir haben ihnen Wege bereitet, die uns verschlossen waren, ihnen alles geboten und gegeben, was wir für erstrebenswert hielten. Und was ist der Erfolg?“
Wir sind in unserem technischen Zeitalter gewöhnt zu planen, und wir erfahren, daß fast alles irgendwie mehr oder weniger automatisch funktioniert. Erwarten die Eltern nicht auch — unbewußt —, daß ihre Kinder funktionieren, oder anders, daß sie sich in eine bestimmte Richtung entwickeln? Die Jugendlichen — auch nach den Wünschen der Eltern an sie befragt — zeichneten jedenfalls dieses Bild. Und die Folge?
Die jungen Leute erklären: „Um mit unseren Eltern auszukommen, ziehen wir uns nach einer angemessenen Zeit in unsere Zimmer zurück.“ Und viele Väter und Mütter sagen: „Wir verstehen unsere eigenen Kinder nicht mehr.“ Eine allgemeine Sprachlosigkeit breitet sich aus.
Bei unserer Umfrage lobten zwar 46,5 Prozent der Mädchen und 17,9 Prozent der Jungen, daß man mit

den Eltern gut reden könne, daß die Eltern Verständnis hätten und hilfreich seien bei ihren Problemen. Jedoch sind es oft die gleichen jungen Menschen, die schreiben, daß man nicht *richtig* mit den Eltern reden könne, daß sie oft kein Verständnis aufbrächten und durch Arbeit gehindert wären, sich Zeit für sie zu nehmen.

Immer wieder — fast zu 70 Prozent — werben die Jugendlichen um Verständnis für ihre Wünsche, Freiheit zu haben, Toleranz zu erfahren und selbständig sein zu dürfen. „Die Eltern sollten auch mehr Vertrauen haben, daß wir wissen, was wir tun."

Vielleicht ist aber auch bemerkenswert, daß 69 Prozent der Jungen sich keine Gedanken darüber machen, was sie an Stelle der Eltern anders machen würden, aber nur 23 Prozent der Mädchen sich dazu nicht äußern. Nur 38 Prozent der Jungen und 17 Prozent der Mädchen haben keine Wünsche, das Miteinander zu verbessern.

Immer wieder betonen die jungen Leute, daß sie Toleranz und Achtung erfahren möchten. Streit, Ungerechtigkeit und unbegründete Kritik sollten der Gerechtigkeit, Offenheit und Liebe weichen.

Auffällig ist das Verlangen nach mehr Gemeinsamkeit im Alltag der Familie und bei Unternehmungen bis hin zum Urlaub.

Wenn wir die Fragebogen richtig lesen, stehen hinter allen Wünschen und Kritiken nicht Kinder, die eine Richtschnur suchen, keine Menschen, die geführt sein wollen, um vorgezeichnete Wege zu beschreiten. Ich habe den Eindruck, die Kinder von einst, die man an die Hand nehmen konnte (es bliebe noch zu untersuchen, aus welchen Gründen), die gibt es nicht mehr. Scheint es nicht, als stünden wir statt vor unserem Kind vor „der Jugend von heute“? Der kleine Prinz muß eine ähnliche Erfahrung machen. Er flieht vor seiner Rose, die ihn gefordert, geplagt und ihm schließlich so auf die Nerven gegangen ist, daß er sich von ihr trennt. Aber, auf der Erde angekommen, entdeckt er einen blühenden Rosengarten.

„Der kleine Prinz sah sie (die Rosen) an. Sie glichen alle seiner Blume.

‚Wer seid ihr?‘ fragte er sie höchst erstaunt.

‚Wir sind Rosen‘, sagten die Rosen.

‚Ach!‘ sagte der kleine Prinz ...

Und er fühlte sich sehr unglücklich. Seine Blume hatte ihm erzählt, daß sie auf der ganzen Welt einzig in ihrer Art sei. Und siehe! da waren fünftausend davon, alle gleich, in einem einzigen Garten! ...

Dann sagte er sich noch: Ich glaubte, ich sei reich durch eine einzigartige Blume, und ich besitze nur eine gewöhnliche Rose.“[5]

Geht es uns etwa anders?

Es ist unser Sohn, unsere Tochter, die wir so einzigartig heranwachsen sahen, in denen wir uns selbst, unsere eigene Kindheit neu erfuhren, wenn wir persönliche Eigenschaften wiederfanden, an die wir viele Hoffnungen banden. Sie sollten und müßten erreichen können, was uns nicht gelungen. Ja, hat ein Teil von uns in ihnen nicht sogar die Chance, ei-

nen neuen Anfang zu setzen? Mit Freude und Aufmerksamkeit, Eifer und Sorgfalt begleiteten wir ihre ersten Schritte hinein in das Leben.
Doch dann werden diese Wesen selbständig. Sie entwickeln eigenen Willen, eigenes Wollen, gehen Wege, die wir so nicht voraussahen. Wir stehen erschrocken, sprachlos, verwundert, fast fremd vor den heranwachsenden jungen Menschen, die wir so gut zu kennen glaubten.
Und sie?
Sie leben heute in einer Zeit und in einem Lebensraum, wo sie früh selbständig sein müssen, wodurch ihre Stellung im Raum der Familie nicht Unter-, sondern Einordnung fordert.
Was heißt das konkret?
Oft verlassen die Kinder früh am Morgen — wie Vater und Mutter — das Haus, um tagsüber allein und selbständig ihren Weg zu gehen, und kommen erst nach Stunden nach Hause — wie jedes andere Mitglied der Familie. Jetzt sollen sie eine Rolle übernehmen, die eigentlich nur noch den Eltern bekannt ist. Die Erwachsenen fordern nämlich Unterordnung, Dienstbarkeit, häuslichen Fleiß, Ordnung und Gehorsam (so formulieren Jugendliche die Elternwünsche, wobei zusätzlich die guten Noten in der Schule selbstverständlich dazugehören).
Nun kommt hinzu, daß viele Heranwachsende häufig länger unterwegs sind als ihre Eltern, weil die Schulorte oder Arbeitsstätten weit entfernt und kompliziert zu erreichen sind. Sie sind nicht weni-

ger müde. Welch eine Voraussetzung für ein schönes Familienleben!
Doch werden wir nicht mutlos. Wir können die Zeit und Welt nicht ändern, wir können viele Situationen nicht ändern, aber wir können hinhören, was man von uns erwartet, und — vielleicht — darauf eingehen. Und wir werden sehen, daß die Forderungen unsere Kräfte eigentlich nicht übersteigen.

Du bist für mich einzig in der Welt

Vielleicht lauschen wir wieder dem kleinen Prinz. Traurig, daß alle Rosen gleich sind und seine eigene kein bißchen anders ist als die anderen, trifft er einen Fuchs.

„ ‚Ich bin da', sagte die Stimme, ‚unter dem Apfelbaum ...'

‚Wer bist du?' sagte der kleine Prinz. ‚Du bist sehr hübsch ...'

‚Ich bin ein Fuchs', sagte der Fuchs.

‚Komm und spiel mit mir', schlug ihm der kleine Prinz vor. ‚Ich bin so traurig ...'

‚Ich kann nicht mit dir spielen', sagte der Fuchs. ‚Ich bin noch nicht gezähmt!...'

‚Was heißt *zähmen*?'

‚Das ist eine in Vergessenheit geratene Sache', sagte der Fuchs. ‚Es bedeutet: sich *vertraut machen.*'

‚Vertraut machen?'

‚Gewiß', sagte der Fuchs. ‚Du bist für mich noch nichts als ein kleiner Knabe, der hunderttausend kleinen Knaben völlig gleicht. Ich brauche dich nicht, und du brauchst mich ebenso wenig. Ich bin für dich nur ein Fuchs, der hunderttausend Füchsen gleicht. Aber wenn du mich zähmst, werden wir einander brauchen. Du wirst für mich einzig sein in der Welt. Ich werde für dich einzig sein in der Welt...'

‚Ich beginne zu verstehen', sagte der kleine Prinz. ‚Es gibt eine Blume ... ich glaube, sie hat mich gezähmt ...' "[6]

Der Prinz ließ sich überreden, nahm sich Zeit und „machte sich dem Fuchs vertraut".[7]

Ist der Gedanke etwa neu? Und gar in der Erziehung? Sind uns unsere Kinder denn nicht vertraut? Wir wissen, daß sie Hilfe brauchen, Vorbilder suchen, Liebe nötig haben und Geborgenheit erwarten. Ja, unsere Kinder sind Kinder und bleiben es lange Zeit. Doch denken wir auch daran, jedes ist ein einmaliger Mensch, ein einzigartiger Mensch, der ein Recht hat, sich selbst verwirklichen zu können, seine eigene Persönlichkeit zu entwickeln und somit seinen eigenen Weg zu suchen.

Daraus folgt jedoch nicht, daß wir die Jugendlichen sich selbst überlassen müßten und dürften. Ihre Wunschliste zeigt ja auch das Gegenteil. Doch eine Grundforderung ist, wir müssen sie ernst nehmen, ganz ernst nehmen in ihrer einzigartigen Persönlichkeit, die uns nicht untergeordnet, sondern anvertraut ist.

Wie ein Gärtner aus diesem oder jenem Samen mit Wissen und Geschick dieser oder jener Pflanze zur Blüte oder Frucht verhilft, wie der Bildhauer aus einem Marmorblock das Werk herausschält, das sein Auge schon im rohen Stein erkennt, dürfen wir dem einzelnen jungen Menschen helfen, er selbst zu werden. Wir erahnen, welch eine große und schöne Aufgabe uns damit anvertraut ist.

Wenn wir versuchen, diesen Auftrag neu zu sehen, wenn wir es auf uns nehmen, uns unseren Kindern und unsere Kinder uns vertraut zu machen, müßten

die Antworten auf unserem Fragebogen anders ausfallen.
Nach Meinung der Kinder erwarten ihre Eltern, daß sie ausgezeichnete Schüler sind und daheim ihren Familiensinn durch gleichmäßige Freundlichkeit, Gehorsam, Ordnung und häuslichen Fleiß unter Beweis stellen.
Was erwarten wir wirklich von ihnen? Sollen sie soviel besser, vollkommener, großartiger sein als wir? Denn sie stellen ja auch bei uns Streitsucht, schlechte Laune, Kleinlichkeit und Intoleranz, ja sogar fehlenden Gemeinschaftsgeist fest. Dürfen Erwachsene all das, was sie an den Kindern kritisieren?
Wir wundern uns, wenn die Jugendlichen Gespräche abbrechen, so schrecklich empfindlich sind, wo sie selbst oft recht hart und grausam einem ihre Meinung ins Gesicht sagen können. Wir wundern uns, wenn sie die Tür hinter sich zumachen. Sie mögen kein Schimpfen, kein Schreien, still ziehen sie sich zurück, gehen dem Angriff — oder dem vermeintlichen Angriff — aus dem Weg. Eine Mauer wird errichtet und wächst.
Wo liegt das große Mißverständnis? Wir lieben doch unsere Kinder!
Sicher bereiten viele kleine Dinge zusammen den Alltag. Aber der Mensch kann darin nicht aufgehen. Er braucht andere, größere Perspektiven für sich selbst und für alles, was er tut.
Das schält sich auch eindeutig aus den Aussagen der befragten Jungen und Mädchen heraus. Es geht ihnen nicht um Kleinigkeiten, es geht ihnen schon gar

nicht um Kleinlichkeiten. Ihre Wünsche an die Eltern umfassen drei fundamentale Haltungen, die ihnen die Möglichkeit und Chance geben, mit dem nötigen Halt ihren Weg in die Zukunft zu gehen: Zeit, Wahrhaftigkeit und Vertrauen.

Zeit, Wahrhaftigkeit, Vertrauen — ein neues Fundament

Es sind keine oberflächlich dahingesagten Wunschvorstellungen. Es sind schmerzliche Erfahrungen, die so formuliert werden, und zwar so oft, spontan und eindeutig wiederholt, daß der Mangel offensichtlich ein entscheidendes Problem in vielen Familien zu sein scheint.

Zeit

Wenn man mich fragen würde, sagte eine achtzehnjährige Schülerin, sollten die Eltern mehr Zeit in ihre Kinder investieren. Damit bestätigte sie mit vielen anderen im Nachhinein das Umfrageergebnis.
Was heißt das?
Die Jugendlichen sind nicht so wirklichkeitsfremd, daß sie die Arbeitsstunden verkürzt sehen wollen oder erwarten, daß die Eltern nur noch für sie da sind. Zeit für sie haben, damit meinen sie eigentlich etwas anderes.
Die Kinder spüren, daß ihr Beisammensein im Familienkreis nicht unbedingt Gemeinschaft ist. Sie erfahren, daß Gespräche oft oberflächlich sind, daß sie sich um alltägliche, meist materielle Dinge drehen. Sie vermissen — unausgesprochen — das hörende Ohr oder Herz der Eltern, das Gehört- und Verstandenwerden, den wirklichen Gedankenaus-

tausch. „Dann gehen wir in unsere Zimmer“, sagen sie.
Unsere Eltern hatten sicher auch nicht mehr Zeit, was ihre handwerkliche oder berufliche Tätigkeit betraf. Und doch glaube ich, daß sie irgendwie mehr „da“ waren, daß wir als Kinder wußten, wo und wann wir sie so finden würden, daß sie auch für uns da waren, uns hören, uns zuhören konnten, nicht nur den Worten, sondern den eigentlichen Anliegen dahinter.
Unsere Umwelt ist aber inzwischen sehr laut geworden. Nicht nur vom Lärm der Flugzeuge, Autos und Maschinen. Reklame und Lockungen zu allen möglichen Abwechslungen, auch Not und Angst schreien laut. Das Negative in dieser Welt wird mit einer Aufdringlichkeit und Lautstärke überbetont, daß man kaum noch glauben kann, daß es neben den Unfällen noch frohe Ferienreisen, außer Krieg schon jahrelangen Frieden, neben den Arbeitslosen noch Arbeitende, außer dem Lernzwang noch freudige Schüler und Lehrer gibt.
Grell, bunt und laut drängt sich uns das alles auf, bis ins Wohnzimmer hinein, füllt uns auf mit Gedanken und Emotionen und läßt uns schließlich abstumpfen. Wir können uns nicht der ganzen Welt erbarmen. Aber was bedeuten gegenüber diesen großen Weltproblemen schon so kleine zwischenmenschliche Beziehungen? Sind wir nicht egoistisch, geistig begrenzt, wenn wir uns erst um „die Welt“ kümmern statt um unsere kleine Familie? Scheinbar ist es so, aber nur scheinbar.

Wir müssen einen Weg finden, uns soweit abzuschirmen, daß wir wieder hören lernen, daß wir nicht taub sind gegenüber unseren Kindern, daß wir einander wieder vertraut machen, so vertraut, daß unsere Söhne und Töchter sich wieder angenommen fühlen, daß sie wissen, zu uns dürfen sie kommen. Sie sollen darauf bauen können, daß wir zumindest versuchen, sie und ihre Anliegen zu verstehen.
Der Ausspruch „Wir haben keine Zeit" ist fast zu einem Schlagwort geworden. Das mag stimmen. Um so mehr sind wir gehalten, sie recht zu nutzen. Sollten wir nicht einen Teil unserer Zeit auch in unsere Zukunft investieren? Sind unsere Kinder es nicht wert, daß wir uns für sie Zeit nehmen, die sie, aber auch wir nötig haben?
Dann ist mein Kind für mich wirklich einzig in der Welt, und ich bin es für mein Kind.

Wahrhaftigkeit

Der kleine Prinz sagte:
„ ‚Ich hätte sie nach ihrem Tun und nicht nach ihren Worten beurteilen sollen ... Ich hätte hinter all den armseligen Schlichen ihre Zärtlichkeit erraten sollen ... ich war zu jung, um sie lieben zu können.' "[8]
Das gilt sicher auch für uns und unsere Kinder. Versuchen wir, ihnen ins Herz zu schauen, so wie wir es auch umgekehrt erwarten. Jungen Menschen fällt das weit schwerer. Sie sind hart im Urteil und

fordernd. So verknüpfen sie ihren Wunsch an die Eltern nach Wahrhaftigkeit mit einer Frage, die oft deutlich wurde: „Warum sagen uns die Eltern nicht die Wahrheit?“ Die Traurigkeit der Kinder darüber ist spürbar, auch, wie ratlos sie sind, wenn sie nicht der Wahrheit gewürdigt werden. Es trifft sie.

Anscheinend ist dieses „Nicht-die-Wahrheit-Sagen“ eine neue Form in der Erziehung, auf die Probleme der Zeit zu reagieren. Erwachsene, Eltern und Erzieher sehen und suchen angesichts der miterziehenden Umgebung nach neuen Wegen, ihre Kinder zu führen. Vor allem erscheint der Materialismus, die Fülle der Güter, in ihren Augen eine große Gefahr, geistige Werte und Entwicklungen im Keim zu ersticken. So versuchen manche, wenigstens ihre eigenen Kinder gegen diese Einflüsse abzuschirmen. Man beschränkt den Gabentisch zu Festtagen, man verschweigt oder verleugnet den relativen Wohlstand, man nimmt eine Haltung ein, als hätte man nicht.

Sind die Kinder noch klein, glauben sie es, akzeptieren sie es, finden sie ihre Eltern und Erziehr sogar bedauernswert. Was jedoch erreicht werden soll, nämlich ein Abstand zu den materiellen Gütern, wird hie und da ins Gegenteil verkehrt. Es gibt Kinder, die sparen und sammeln und den „armen Eltern“ sogar Geldgeschenke machen. Sie verteidigen dazu noch aggressiv die eigene Habe und finden für diejenigen Vorwürfe, die die Eltern auf irgendeine Weise materiell belasten.

Doch allzubald kommt die Zeit, wo die Heranwach-

senden die Wirklichkeit erkennen, den tatsächlichen Lebensstandard der Erzieher abschätzen können, Vergleiche ziehen und sich letztlich betrogen fühlen. Sie sind schmerzlich getroffen. Der — häufig aus guter Absicht — beschrittene Weg des Verheimlichens wird zu einer Sackgasse, in der die Kinder, zur Umkehr gezwungen, die völlige Abkehr wählen können und dies auch tatsächlich tun.
Unser Geschenk an die Jugend sollte Wahrhaftigkeit sein! Geben wir ruhig zu, daß es uns materiell gut geht. Sagen wir offen, daß unsere Schränke praller gefüllt sind als nötig und daß wir eher aus gesundheitlichen oder kosmetischen Gründen auf Speisen verzichten als aus Geldnot.
Doch damit ist es nicht getan. Es ist nicht nur eine Sache des Lippenbekenntnisses. Stellen wir uns selbst dem materiellen Überfluß, überprüfen wir unsere eigene Haltung den Gütern gegenüber. Wir sollten wenigstens wissen, daß ein kleineres Auto eigentlich auch reichen würde, daß ein bescheidenerer Urlaub auch Erholung bringen kann und vieles andere mehr. Wir selbst brauchen diesen Mut zur Ehrlichkeit und Wahrhaftigkeit!
Dazu gehört auch, den Wert von Besitz richtig einzuschätzen und einzuordnen in eine Wertskala, die nicht von Kaufleuten und Computern festgelegt worden ist. Vor allem dürfen wir die materiellen Güter nicht zum Lebens- und Strebensinhalt werden lassen. Nicht Haben-Müssen, sondern Sein-Wollen weist darüber hinaus und macht sinnvolles Leben möglich.

Der Glaube, daß „Kleider Leute machen", läßt den König im Märchen zum Narren werden. Geistige, geistliche und seelische Kräfte entwickeln, in uns und unseren Kindern, kann wohltuenden Abstand zu den materiellen Gütern schaffen. Dadurch werden sie nicht Last oder Belastung, sondern Aufforderung, damit sorgsam, verantwortungsvoll und hilfreich umzugehen.
Unsere Kinder könnten so lernen, daß diese Werte weder selbstverständlich noch in der Fülle unabdingbar notwendig sind, um ein würdiges, sinnvolles Leben zu führen. Sie würden an uns und unserem Tun ablesen können, daß Besitz nicht Recht und Anspruch ist, sondern ein anvertrautes Gut, das wir nicht nach Gewinn und Verlust, jedoch nach menschlichen Wertmaßstäben zu verwalten haben.

Vertrauen

Als drittes Geschenk erbitten sich die Jugendlichen Vertrauen. Ich konnte erfahren, daß Vertrauen eine fundamentale Bedeutung für die Existenzmöglichkeit des Menschen hat.
Vor einiger Zeit verabschiedete sich eine Schülerin, deren Weg ich ein Jahr lang mit viel Aufmerksamkeit begleitet habe.
Von Anfang an fiel sie auf durch extreme Aggressivität, durch eine Borstigkeit, die jede Annäherung unmöglich machte. Sonst blieb sie in sich gekehrt, schweigsam. Ich erfuhr, daß sie — früh die Eltern

verloren — von Waisenhaus zu Waisenhaus gebracht, schließlich in einen Beruf geschoben wurde, den sie nicht gewünscht, aber auch nicht abgelehnt hatte. Von keiner Seite war ihr beizukommen, man sah förmlich die Mauer, die sie auch von den Mitschülern trennte, an der alle Versuche abprallten, ihr nahezukommen.

Die Situation schien hoffnungslos, ihre Isolation war durch nichts zu durchbrechen. Wir konnten wenig tun, ließen uns jedoch nicht provozieren, hielten einen gewissen Abstand, um sie nicht zu bedrängen, waren aber gleichmäßig freundlich. Natürlich kostete das Kraft und viel Geduld. Die letzte Unterrichtsstunde des Jahres brach an. Etwas verspätet betrat unser Sorgenkind den Klassenraum. Freudestrahlend kam sie herein, begrüßte alle herzlich, erzählte von ihren Zukunftsplänen und dem gemeinsamen Schulabschluß. Das Eis war durchbrochen. Glücklicherweise taten alle mit.

Was war geschehen?

Nichts Geringeres, als daß sie im Laufe dieses langen Jahres erprobt und erfahren hatte, daß sie selbst — so wie sie war — angenommen wurde. Sie wurde akzeptiert in ihrer Eigenart und ganz ernst genommen, nichts wurde ihr verwehrt, nichts vorgeschrieben, vielleicht das erste Mal in ihrem Leben. Sie hatte Zeit, sich zu ordnen und einzuordnen in das normale Dasein. Das hat sie selbst ungemerkt verändert. Sie hat Vertrauen gelernt von anderen für sich selbst und ihren Weg in die Zukunft. Und

wir haben gelernt, daß Vertrauen die wesentlichste Grundlage menschlicher Beziehungen ist.
So wird es von den jungen Menschen bestätigt, die wir befragt haben. Alle sind der Meinung, daß Vertrauen die meisten Probleme mit den Eltern lösen könnte.
Was ist das für ein Zauberwort?
Vertrauen setzt voraus, daß jemand vertraut ist, daß er sich mir, wie es im „Kleinen Prinz“ heißt, „vertraut gemacht hat“.
In dieser Erzählung sagt der Fuchs zum Prinz:
„‚Du mußt sehr geduldig sein... Du setzt dich zuerst ein wenig abseits von mir ins Gras. Ich werde dich so verstohlen, so aus dem Augenwinkel anschauen, und du wirst nichts sagen ... Aber jeden Tag wirst du dich ein bißchen näher setzen können ...‘ “[9]
Und er schwärmt davon, wie durchsonnt sein Leben sein wird und welche Bedeutung er selbst und alles am anderen für ihn bekommen wird von der Haarfarbe bis zu dem Schritt, den er von Ferne erkennt.[10]
Fragen wir uns einmal ehrlich: Sind uns unsere Kinder, vor allem die heranwachsenden, so vertraut? Haben sie sich uns, haben wir uns ihnen so dauerhaft vertraut gemacht? Oder haben sie sich zurückgezogen, als sie älter wurden? Und haben wir ihnen wirklich genug Zeit und Geduld geschenkt? Sind wir ihnen vertraut? Wenn wir das positiv beantworten können, geben wir den Jugendlichen auch genug Vertrauen mit auf den Weg?
Die heutige Welt scheint voller Fußangeln, in die

unsere Kinder geraten können: Zigaretten, Alkohol, Drogen bedrohen schon die Schuljahrgänge. Falsche Freundschaften, zu frühe Bindungen zwischen Buben und Mädchen sind keine Seltenheit.

Was tut man, was kann man verantworten, um seinen Schützling vor ähnlichem Unheil zu bewahren? Zwei Antworten bekommt man oft von Jugendlichen: „Ich darf einfach nichts!", oder: „Meinen Eltern ist schon alles egal!"

Im einen Fall haben die Eltern kapituliert, weil sie glauben, doch keinen Einfluß nehmen zu können, im anderen hemmen sie vielleicht Entwicklungsmöglichkeiten. Sorge steht sicher dahinter, aber unterschätzen die Eltern nicht in beiden Fällen die Möglichkeiten? Meist haben die jungen Menschen mehr Informationen über die Gefahren, die ihnen drohen, als ihre eigenen Eltern. Hilfreich kann hier nur Vertrauen sein. Ich muß meinem Kind das Gute, die Gabe der Unterscheidung zutrauen, wenn ich es bis hierher recht begleitet habe. Ich muß ihm zeigen, daß ich ihm die Freiheit schenke, weil ich ihm zutraue, damit in rechter Weise umzugehen. Und weil ich ihm die Freiheit schenke, wird es sich nach Kräften mühen, dieses mein Vertrauen zu rechtfertigen.

Wenn Jugendliche, vor allem Mädchen, anmerken, daß sie selten oder nie ausbleiben dürfen, wissen sie, daß Eltern nicht riskieren wollen, daß „etwas" passiert, und sie registrieren das als Mißtrauen. Sie möchten, und zwar alle, daß man ihnen vertraut, ih-

nen zutraut, daß sie ihre Freiheit nicht mißbrauchen.
Das fordert natürlich Voraussetzungen. Ich muß mich fragen, wie weit ich meinen Sohn oder meine Tochter auf den eigenen Weg geführt, wie ich mein Kind begleitet und angeleitet, ihm Hilfestellung geleistet und mit ihm Festigkeit eingeübt habe. Wie weit ist mir mein Kind vertraut, daß ich ihm den Vertrauensvorschuß gewähren und das Risiko eingehen kann, es loszulassen? Wird es nicht dann — so mit meinem Vertrauen ausgestattet — auch in schwierigen Situationen suchen, dieses zu rechtfertigen? Und anders gesehen, wird es, durch Mißtrauen und Verbote eingeengt, nicht gar zu einer Trotzhaltung veranlaßt, die es genau in die falsche Richtung drängt?
Vertrauen scheint eine Tugend, die wir weitgehend verlernt haben. Es ist nicht zu übersehen, wie der Vertrauensverlust um sich greift. Wir trauen der Zukunft nicht, wir trauen dem Frieden nicht, der Umwelt mit ihren negativen Einflüssen auf unsere Lebensmöglichkeiten schon gar nicht! — Und den Menschen? Ist Vertrauen ein Fremdwort geworden? Das verändert unser Zusammenleben, ja offensichtlich die ganze Gesellschaftsordnung. Hat hier nicht vieles seinen tiefen Grund, seine Ur-sache?
Gemeinschaften mit ideeller Zielsetzung haben keinen Nachwuchs, weil sich kaum noch jemand verpflichten oder binden möchte. Ehen ohne Trauschein sind keine Seltenheit mehr. Das Versprechen vor staatlichen Behörden oder gar vor Gott wird

gefürchtet, denn es setzt den Glauben an Dauerhaftigkeit und Treue voraus. Unser täglicher Umgang, also das Miteinander, ist ebenso geprägt vom Mißtrauen. Oder trauen Sie dem Mann an der Haustür, dem Nachbar in der Straßenbahn? Trauen, Vertrauen, jemand etwas Gutes zutrauen, ist das nicht mehr möglich?

Welche Enttäuschungen stehen dahinter, daß vor allem die junge Generation so wenig Vertrauen lernen konnte! Wenn wir es nicht schaffen, das wieder zu vermitteln, schaffen wir es auch nicht, das Miteinander zu verbessern.

Nur Vertrauen kann den Glauben an Zukunft wiederherstellen, kann die Mauern zwischen Menschen und Generationen einreißen. Aber das kann nicht „die Gesellschaft“ leisten, das ist Aufgabe der Familie, nur dort kann es wachsen, nur dort können wir es einüben. Dadurch kann unser Miteinander ein neues, haltbares Fundament bekommen. Das Leben wird reicher und schöner. Vertrauen heißt wissen, daß der andere es gut mit mir meint. Im Vertrauen des anderen kann ich es mir sogar leisten, Fehler zu machen. Vergessen wir aber auch nicht, darüber nachzudenken, ob der Vertrauensverlust vielleicht damit zusammenhängt, daß wir selbst Gott nicht mehr trauen, ihm nichts mehr zutrauen? Oder glauben wir ihm noch, daß er es gut mit uns meint?

Zeit, Wahrhaftigkeit und Vertrauen sind die grundlegenden Wünsche, die die Jugendlichen an uns formulieren. Zeit, Wahrhaftigkeit und Vertrauen sind die großen Geschenke, die wir unseren Kindern entgegenbringen sollten, damit sie zu verantwortungsbewußten, selbständigen Menschen heranwachsen können, die Mut und Kraft haben, an der Zukunft zu bauen und ein sinnvolles Leben zu führen.

Lassen wir uns am Schluß noch einmal vom kleinen Prinz ansprechen. Er ging, noch einmal die Rosen zu sehen:

„ ‚Ihr gleicht meiner Rose gar nicht, ihr seid noch nichts', sagte er zu ihnen. ‚Niemand hat sich euch vertraut gemacht, und auch ihr habt euch niemandem vertraut gemacht. Ihr seid, wie mein Fuchs war. Der war nichts als ein Fuchs wie hunderttausend andere. Aber ich habe ihn zu meinem Freund gemacht, und jetzt ist er einzig in der Welt...'

‚Ihr seid schön, aber leer', sagte er noch. ‚Man kann für euch nicht sterben. Gewiß, ein Irgendwer ... könnte glauben, meine Rose ähnle euch. Aber in sich selbst ist sie wichtiger als ihr alle, da sie es ist, die ich begossen habe. Da sie es ist, die ich unter den Glassturz gestellt habe ... Da sie es ist, die ich klagen oder sich rühmen gehört habe oder auch manchmal schweigen. Da es meine Rose ist.' "[11]

Beim Abschied schenkte der Fuchs dem kleinen Prinz sein Geheimnis: „ ‚... man sieht nur mit dem Herzen gut. Das Wesentliche ist für die Augen unsichtbar.' "[12]

Lassen wir unsere Herzen Wege zueinander suchen!

Anmerkungen

1 Antoine de Saint-Exupéry, Der kleine Prinz. Karl Rauch Verlag Düsseldorf 1984.
2 Ebd., S. 29f.
3 Vgl. ebd., S.32f.
4 Ebd., S. 31.
5 Ebd., S. 62f.
6 Ebd., S. 65f.
7 Vgl. ebd., S. 68.
8 Ebd., S. 31.
9 Ebd., S. 67.
10 Vgl. ebd.
11 Ebd., S. 70.
12 Ebd., S. 72.

Inhaltsübersicht